AF497943

MEDUS, ROY DES MEDES,

TRAGEDIE,

REPRESENTE'E POUR LA PREMIERE FOIS

PAR L'ACADEMIE ROYALE DE MUSIQUE.

Le vingt-troisiéme jour de Juillet 1702.

A PARIS,

Chez CHRISTOPHE BALLARD, seul Imprimeur du Roy
pour la Musique, ruë S. Jean de Beauvais, au Mont-Parnasse.

M. DCC. II.
Avec Privilege de Sa Majesté.

LE PRIX EST DE TRENTE SOLS.

PERSONNAGES
DU PROLOGUE.

LA FORTUNE,   Mademoiſelle Deſmâtins.
Les Prêtres de LA FORTUNE.
UN MATELOT,   Monſieur Deſvoix.
Troupe de Matelots.
UN BERGER,   Monſieur Boutelou.
Troupe de Bergeres & de Bergers.
UN GUERRIER,   Monſieur Chopelet.
Troupes de Guerriers.
UNE FRANCOISE, Mademoiſelle Clement, la C.
Troupe de François.
Troupe d'Eſpagnols.
Troupe d'Italiens.

Noms des Actrices & des Acteurs chantants dans tous les Chœurs du Prologue & de la Tragedie.

SECOND RANG.   PREMIER RANG.

MESDEMOISELLES.

Cenet.	Du Peyré.	Lalleman.	Loignon.
Baſſet.	D'Humé.	Clement, la cad.	Du Val.

MESSIEURS.

Gaudechaut.	Pellefrene.	Jolain.	Bertrand.
Le Jeune.	Ricourt.	Labé.	Le Févre.
Prunier.	Solé.	Deſvoix.	Benac.
Frere.	La Coſte.	Le Brun.	Lavernet.
Courteil.	Cadot.	Mantienne.	

ã ij

DIVERTISSEMENT
du Prologue.

BERGERS FRANÇOIS.

Meſſieurs Fauveau , Dangeville l'aîné , Laſele
& Dangeville, cadet.

Meſdemoiſelles Roze, Deſmâtins, Freville & Le Brun.
La petite Provoſt, & le petit Grandval.

ESPAGNOLLES.

Meſſieurs Dumirail , Bouteville , Dumoulin cadet,
le petit Dupré.

PROLOGUE.

L E Théatre represente le celebre Temple
d'ANTIUM, à present NETTUNO, où
l'on adoroit LA FORTUNE; Tous les
Peuples de la Terre y viennent en foule.

LA FORTUNE, & sa Suite.
CHOEUR.

Puissante Divinité!
Ton Empire dépend de ta legereté.
Tu fais le destin de la Guerre,
Tu regis la Terre & les Cieux;
C'est toy qui conduis le Tonnerre
Que lance le Maître des Dieux.

Une Troupe de Matelots vient reconnoître le pouvoir
de LA FORTUNE.

PROLOGUE.

UN MATELOT.

En vain nous implorons le secours de Neptune.
C'est vous, ô puissante Fortune
Qui regnez sur les vastes Mers,
Vous commandez aux Vents qui grondent sur nos têtes,
Vous sçavez exciter, ou calmer les tempêtes,
Selon vos caprices divers.

Une Troupe de Bergers & de Bergeres vient braver le pouvoir de LA FORTUNE.

UN BERGER.

Non, non, non Fortune volage,
Tu n'as pour ton partage
Que de faux appas.
Non, non, non, de ton vaste empire
Les biens où j'aspire
Ne dépendent pas.
La Beauté,
Dont je fais ma divinité,
N'a plus de cruauté.
Son cœur ressent l'amour qu'il m'inspire ;
Quand on s'aime bien.
Non, non, tout le reste n'est rien.

Une troupe de Guerriers jaloux de la gloire de la France, vient implorer le secours de la Fortune.

LE CHEF DES GUERRIERS.

Je viens implorer ton secours
Contre un Roy trop heureux qui brave ta puissance,
Et que malgré ton inconstance,
Tu favorises tous les jours.
N'oses-tu te vanger d'un si cruel outrage :
Il dispense les biens qui, de tous les mortels,
T'attiroient autrefois l'hommage :
Et ce n'est plus qu'à luy qu'on dresse des autels.
En cherchant tes faveurs, c'est luy seul qu'on implore ;
Mais si tu veux t'unir à moy,
Tu pourras faire voir encore
Que le sort des mortels ne dépend que de toy.

LA FORTUNE.

Superbes Ennemis, vôtre esperance est vaine ;
Je ne protege plus les criminels projets :
La vertu de ce Roy que poursuit vôtre haine,
Me force à ne changer jamais.

Vous qui voulez, troubler le repos de la terre,
Fuyez, & que pour vous mon Temple soit fermé :
Vôtre sang éteindra le flambeau de la guerre
Que vos fureurs ont allumé.

Et vous, Peuples heureux, dont la cause est commune,
Venez, dans ce charmant sejour,
Joindre les biens de la fortune
Avec les plaisirs de l'amour.

Une Troupe de François, d'Espagnols & d'Italiens,
se réunissent, & forment la derniere Entrée.

LE CHOEUR.

*La Fortune, pour nous, se declare en ce jour ;
Joignons, joignons ses biens aux plaisirs de l'amour.*

LA FORTUNE.

*Amants fideles,
Qui dans vos amours
Souffrez, toûjours
Pour des Beautez cruelles,
Venez auprés d'elles
Chercher mon secours.
L'Amour luy-même,
Sans moy, ne peut rien :
Par mon moyen
Il fléchit ce qu'on aime ;
Son pouvoir suprème
Releve du mien.*

UNE FRANCOISE.

*Les vrais plaisirs de la tendresse
Ne sont que dans le changement :
Un amour qui dure sans cesse,
Ne peut être un plaisir charmant :
Il marque plûtôt la foiblesse,
Que la constance d'un Amant.*

PROLOGUE.

LA FORTUNE.

Pour un Heros fameux entre les plus grands Roys,
Ma faveur prit plaisir d'élever autrefois
   Un des premiers Thrônes du monde :
Tous les lieux que l'Euphrate arose de son onde,
Par mes commandements, fléchirent sous ses loix.
De cet évenement rappellez la memoire :
   Et montrez que toute sa gloire
N'est qu'un foible crayon de l'Empire François.

Fin du Prologue.

ACTEURS

DE LA TRAGEDIE.

PERSE'S, *Fils du Soleil, Roy de la Tauride Cher-
sonnese.* Monsieur Hardouin.
MEDE'E, *Grande Prêtresse de Diane, sous le
nom de Merope.* Mademoiselle Maupin.
MEDUS, *Fils d'Egée & de Medée.* Mᵣ Thevenard.
THOMIRIS, *Fille de Persés.* Mademoiselle Desmâtins.
THOAS, *Grand Prêtre de Diane, amoureux de Tho-
miris.* Monsieur Dun.
CIANE, *Prêtresse de Diane, & Confidente de Medée.*
Mademoiselle Lalleman.
MINERVE, Mademoiselle Loygnon.
LE SOLEIL, Monsieur Desvoyes.
UN HABITANT D'ANTICIRE, Mᵣ Cochereau.
Chœur de Peuples d'Anticire.
Chœur de Filles de la Suitte de Thomiris.
Troupe de Sarmates enchaînez.
Troupe de Conjurez.
Les Furies.
UNE EUROPEENNE, Mademoiselle Clement cad.
Peuples de l'Europe & de l'Asie.

La Scene est dans la Ville d'Anticire, Capitale de la Tauride.

DIVERTISSEMENTS
de la Tragedie.

PREMIER ACTE.
HABITANS D'ANTICIRE.

Monsieur Balon.
Messieurs Ferrand, Blondy, Dumoulin l'aîné, & Germain.
Mesdemoiselles Dangeville, Victoire, Roze & Desmâtins.

DEUXIE'ME ACTE.
SARMATHES.

Messieurs Dumirail, Germain, Bouteville, & Dumoulin C.

SUITE DE THOMIRIS.

Mademoiselle de Subligny,
Mesdemoiselles Victoire, Dangeville, Roze & Desmâtins.

TROISIE'ME ACTE.
CONJUREZ.

Monsieur Dumoulin cadet.
Messieurs Dumirail, Germain, Bouteville, Dumoulin l.
Dangeville l. Fauvau, Dumay, Dangeville cadet,
Roze & Javiliers.

QUATRIE'ME ACTE.

SUITTE DE THOMIRIS.

Mademoiselle de Subligny,

Mesdemoiselles Victoire, Dangeville, Roze, Desmâtins,
Freville & le Brun.

CINQUIE'ME ACTE.

PEUPLES DE L'EUROPE ET DE L'ASIE.

Monsieur Balon.

Messieurs Germain, Dumoulin l'aîné, Blondy & Ferand.

Mesdemoiselles Dangeville, Victoire, Roze & Demâtins.

MEDUS,

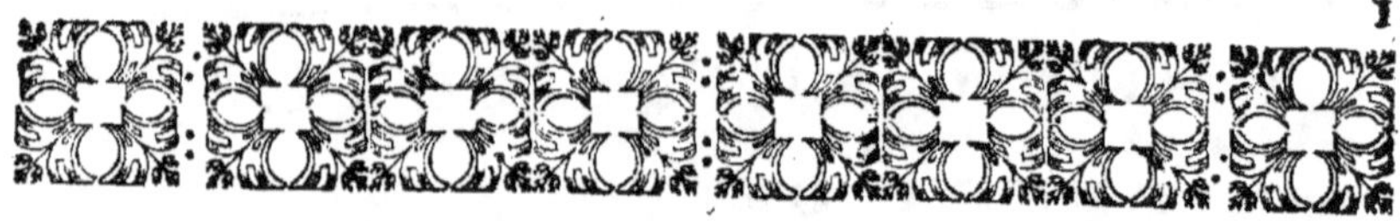

MEDUS,
TRAGEDIE.

ACTE PREMIER.

Le Théatre represente le Palais des Roys de la Tauride·

SCENE PREMIERE.
MEDE'E.

Mpitoyable Amour, laiſſe-moy reſpirer ;
Je n'ay que trop gemi, ſous le poids de tes chaînes.
Tout l'Enfer obeït à mes loix ſouveraines,
    Et je ne puis me délivrer
Du poiſon que tes feux allument dans mes veines :
C'eſt toy qui me bannis de Corinthe, d'Athenes,
Et des climats heureux où je reçûs le jour.
    Pourquoy dans ce lointain ſejour
Viens-tu me condamner à de nouvelles peines ?
Laiſſe-moy reſpirer, impitoyable Amour ;
Je n'ay que trop gemi ſous le poids de tes chaînes.

A

SCENE SECONDE.

MEDE'E, CIANE.

CIANE.

SOngez, songez à vous ; l'inexorable Mars
    Méprise nos cris, & nos larmes.
La discorde & l'effroy volent de toutes parts ;
    Toute la ville est en allarmes :
Le sang coule par tout, & mille cris confus
Ne laissent discerner ny vainqueurs, ny vaincus.

MEDE'E.

Ne crain rien ; il est temps de rompre le silence :
    Le Roy doit perir aujourd'huy.
L'Ennemi que tu vois, s'arme pour ma vangeance,
Et ses propres Sujets conspirent contre luy.

CIANE.

    Juste Ciel ! que voulez-vous faire ?

MEDE'E.

Punir l'Usurpateur du thrône de mon pere :
L'interest de mon fils m'impose cette loy ;
Pour me justifier, appren que je suis mere,
    Et que Medée est devant toy.

CIANE.

Vous !

MEDE'E.

Si tu me trahis, redoute ma colere.

Pour remettre mon fils au rang de ses ayeux,
Sous le nom de Merope, arrivée en ces lieux,
J'y tiens, depuis dix ans, le sacré ministere :
Mais, que dans cet employ j'ay lieu de soûpirer !
De tous les Immortels qu'il faut que je revere,
L'Amour est le seul Dieu que je puis adorer.

C I A N E.

Vivez, vivez toûjours sous son obeïssance.
Si tous les autres Dieux ne peuvent s'exemter
    De reconnoître sa puissance ;
Est-ce un crime aux Mortels que de les imiter ?

M E D E'E.

Qui croiroit que l'Amour m'eut encore asservie ?
    J'avois juré de n'aimer de ma vie,
Et de me garantir d'un si cruel poison :
Mais de tous mes serments j'ay perdu la memoire.
Pour un jeune Etranger, cheri de la Victoire,
Mon cœur a plus d'amour, qu'il n'en eût pour Jason.

C I A N E.

Sous les loix de l'Amour pourveu que l'on fléchisse,
Il dispense les cœurs de tenir leurs serments,
    Et l'Enfer n'a point de supplice,
    Pour les parjures des Amants.

E N S E M B L E.

MEDE'E. { *Souffrons* } que l'Amour { *nous* } enchaîne ;
CIANE, { *Souffrez* }   { *vous* }

    Qu'il est doux de sentir ses feux ?
    Un cœur seroit trop malheureux,
    S'il se donnoit tout à la haine.

SCENE TROISIE'ME.

MEDE'E, THOMIRIS, CIANE.

THOMIRIS.

JE viens, pleine d'un juste effroy,
Implorer avec vous le Dieu qui nous éclaire.
Les cris des Combattants sont venus jusqu'à moy:
    Je crains pour les jours de mon Pere.

MEDE'E.

Ne craignez-vous que pour le Roy?

Quelque Amant, qui s'expose à la fureur des armes,
    N'a-t'il point de part aux allarmes
    Dont vôtre cœur paroît frappé?
Contre nos ennemis Thoas est occupé:
    Son cœur qui se rend à vos charmes,
Partage ses devoirs entre vous & les Dieux;
Et son parfait amour merite bien les larmes,
    Que je vois couler de vos yeux.

THOMIRIS.

Ah! ne me parlez point d'un Amant que j'abhorre:
    C'est vôtre secours que j'implore.
Le Roy suit vos avis; appuyez mes refus.
    Thoas croit devenir son gendre;
Obtenez que ses feux ne m'importunent plus,
Et qu'à mon hymenée il cesse de pretendre.
Je crains ce nœud funeste, à l'égal du trépas.

MEDE'E.

Hé ! qui donc aimez-vous, si vous ne l'aimez pas ?

THOMIRIS.

Je fuis l'amour, je crains sa flâme ;
Mais si jamais mon ame
Se rangeoit sous ses dures loix :
Ce Guerrier qu'on a vû, dans la Cour de mon Pere,
De nos fiers Ennemis triompher tant de fois,
Seroit seul digne de me plaire.

MEDE'E.

Dieux ! que me dites-vous ?

THOMIRIS.

        C'est Thoas que je vois.
O Ciel ! que vient-il nous apprendre ?

SCENE QUATRIE'ME.

THOAS, MEDE'E, THOMIRIS.

THOAS.

JE viens vous annoncer le plus grand des malheurs.
Laissez, laissez couler vos pleurs ;
Vous n'en sçauriez assez répandre.

MEDE'E & THOMIRIS.

Que fait le Roy ?

THOAS.

Plaignez son rigoureux destin.

THOMIRIS.

Ciel !

THOAS.

Il est au pouvoir d'un Vainqueur inhumain,
Et j'ay volé, pour vous deffendre,
Ou mourir, à vos yeux, les armes à la main.

CHOEUR de Peuples derriere le Théatre.

Triomphons, triomphons, remportons la victoire.

THOMIRIS.

L'Ennemi triomphant s'avance vers ces lieux.
Secourez-nous, ô justes Dieux !

CHOEUR des Habitants d'Anticire.

Triomphons, triomphons, remportons la victoire.
Que rien n'égale nôtre gloire.

THOAS, MEDE'E, & THOMIRIS.

Que vois-je ! quel objet se presente a mes yeux ?

SCENE CINQUIE'ME.

LE ROY, THOAS, MEDE'E, THOMIRIS,
Troupe d'Habitants d'Anticire.

LE ROY.

Cessez de craindre pour ma vie.
Sans ce jeune Etranger, qui dans tous nos combats
A signalé son bras,
Elle m'auroit été ravie.
Luy seul a fait changer le sort ;
Au Chef des Ennemis il a donné la mort.
Allez, Thoas, allez, secondez mon envie ;
Qu'il vienne recevoir le prix de ses exploits.
Si son ame est ambitieuse,
Je sçaurai m'acquitter de ce que je luy dois :
La honte d'être ingrat est la plus odieuse
Qu'on puisse reprocher aux Roys.

SCENE SIXIÉME.

LE ROY, MEDE'E, THOMIRIS, CHOEUR de Peuples.

LE ROY.

CHantez, Peuples, chantez, celebrez sa victoire.
Vous luy devez la paix qui regne dans ces lieux.
Que tout parle icy de sa gloire.
Que son nom, par vos chants, soit porté jusqu'aux cieux.

LE CHOEUR.

Chantons, celebrons sa victoire.
Nous luy devons la paix qui regne dans ces lieux.
Que tout parle icy de sa gloire :
Que son nom, par nos chants, soit porté jusqu'aux cieux.

UN HABITANT d'Anticire.

Nous allons revoir les amours
Qu'avoit chassez le bruit des armes :
Nous allons vivre sans allarmes :
Nous n'aurons plus que de beaux jours.
Goûtons un repos plein de charmes.
Rien n'en peut plus borner le cours.
Nous allons vivre sans allarmes ;
Nous n'aurons plus que de beaux jours.

Le Peuple éleve, à la gloire de MEDUS un trophée
des armes des Ennemis qu'il a vaincus.

LE CHOEUR.

LE CHOEUR.

Chantons, celebrons sa victoire.
Nous luy devons la paix, qui regne dans ces lieux.
Que tout parle icy de sa gloire :
Que son nom, par nos chants, soit porté jusqu' aux cieux.

THOMIRIS.

Pour un Guerrier si magnanime
On ne peut montrer trop d'estime.

MEDE'E.

Il est digne des soins que vous prenez pour luy.

LE ROY.

Je veux faire encor plus : j'ay besoin d'un appuy.

Quand je regnai dans Anticire,
J'appris, d'un Oracle inhumain,
Qu'un des fils de Medée éteindroit mon Empire.
Pour prevenir ce criminel dessein,
Je veux que ce Guerrier, par l'hymen de ma fille,
S'unisse à ma famille.

MEDE'E.

Luy, Seigneur ! quel dessein osez-vous concevoir ?

LE ROY.

à MEDE'E.   à THOMIRIS.

Faites tout preparer. Allons le recevoir.

B

SCENE SEPTIE'ME.
MEDE'E.

VEnez, Filles d'enfer, venez servir ma haine:
Venez joindre vos feux à mes transports jaloux.
Les maux qu'on souffre parmi vous
Ne sçauroient égaler ma peine.
Le Tiran que j'abhorre échape à mon couroux ;
Et quand sa mort paroît certaine,
Il vient percer mon cœur des plus sensibles coups.

Venez, Filles d'enfer, venez servir ma haine:
Venez joindre vos feux à mes transports jaloux.

Faisons part à Thoas d'un si cruel outrage.
Frappé de cette affreuse image,
Je n'aurai pas de peine à l'unir avec nous.

Venez, Filles d'enfer, secondez nôtre rage:
Venez joindre vos feux à nos transports jaloux.

Fin du premier Acte.

ACTE SECOND.

Le Théatre represente les Jardins du Palais.

SCENE PREMIERE.

THOMIRIS, Suite de THOMIRIS.

THOMIRIS.

H! qu'il est doux de s'enflâmer,
Quand on n'a point à se contraindre ?
Il m'est enfin permis d'aimer
Le Heros qui m'a sçû charmer,
Et mon cœur n'a plus rien à craindre.
Les flambeaux de l'hymen sont prêts à s'allumer :
Quels vœux puis-je encore former ?
Amour, de ton pouvoir je n'ay plus à me plaindre.
Ah ! qu'il est doux de s'enflâmer,
Quand on n'a point à se contraindre ?

Il va paroître dans ces lieux.
Que mon cœur . . . . Mais que veut cet Amant odieux ?

SCENE SECONDE.

THOAS, THOMIRIS, Suite de THOMIRIS.

THOAS.

CRoiray-je que le Roy veüille choifir pour gendre
Un Inconnu fans nom, fans appui que fon bras?
THOMIRIS.
Contre nos ennemis il vient de nous deffendre:
Combien eft-il de Roys qui ne l'égalent pas?

    Peut-on accorder trop de gloire
    Au bras qui nous a tous fauvez?
    Eft-il de prix trop élevez
    Pour une fi belle victoire?
THOAS.
Qu'entends-je! il eft donc vray: je n'en fçaurois douter.
    Eft-ce là cet orgüeil extrême
Qui me difoit toûjours que fans un diadême
    On ne pouvoit vous meriter?
THOMIRIS.
Qui fçait deffendre un fceptre, a droit de le porter.

Quand on voit un Heros que l'Univers admire,
Pour le recompenfer tout doit être d'accord.
Si du fort, en naiffant, il n'eût pas un empire,
L'Amour doit reparer l'injuftice du fort.
THOAS.
Vous l'aimez donc, Cruelle, & vous me l'ofez dire?

Craignez mon defefpoir affreux.
Les Dieux dont en ces lieux, j'exerce la puiffance,
Animez, par mes cris, à prendre ma deffenfe,
Vangeront vos mépris, fur mon Rival heureux :
Mais ce n'eft pas affez d'une feule victime
       Pour le defefpoir qui m'anime.
Je vous iray chercher, jufqu'au pied des Autels.
Tout s'y reffentira de ma fureur extrême ;
Et j'y fçaurai percer, de mille coups mortels,
La Preftreffe, le Roy, mon Rival, & moy-même.

THOMIRIS.

De cet emportement quel fruit efperez-vous ?

       Non, ce n'eft point par le couroux,
       Que l'on peut attendrir une ame.
            Je crains trop la flâme
            D'un Amant jaloux :
       Non, ce n'eft point par le couroux
       Que l'on peut attendrir une ame.

On entend une Symphonie agréable, qui annonce
l'arrivée de MEDUS.

THOAS.

       J'apprends, par ce bruit odieux,
       Que mon Rival vient en ces lieux.
D'un triomphe affûré, c'eft en vain qu'il fe flate :
Je vai luy preparer un funefte trépas.
       Pour être vainqueur du Sarmate,
       Il n'eft pas vainqueur de Thoas.

SCENE TROISIE'ME.

MEDUS, THOMIRIS, Suite de THOMIRIS,
Troupe de Sarmates enchaînez.

MEDUS.

PRincesse, quel bonheur! qui l'auroit osé croire?
   Le Roy veut que l'hymen m'engage vôtre foy;
     Mais ce n'est point le choix du Roy
     Qui peut m'accorder cette gloire.
Je ne veux la devoir qu'à ma sincere ardeur:
Tout autre sentiment me paroîtroit un crime;
Et dûssai-je expirer d'amour, & de douleur,
J'aime mieux renoncer à l'espoir qui m'anime,
     Que de contraindre vôtre cœur.

THOMIRIS.

Mon Pere a sur mon cœur une entiere puissance.
     Son choix s'est expliqué pour vous.
     Je fais mon bonheur le plus doux,
De répondre à ses vœux, par mon obeïssance.

MEDUS.

Me parler d'obeïr, c'est m'apprendre mon sort;
     Mais dûssai-je y trouver la mort,
Achevez de m'ouvrir le secret de vôtre ame.
S'il est quelque Mortel plus digne de vos feux,
     Je feray, pour servir sa flâme,
Ce qu'un autre feroit pour devenir heureux.

THOMIRIS.

Avec quelle rigueur extrême
Du trouble de mon cœur cherchez-vous à joüir?
Dire qu'il est doux d'obeïr,
N'est-ce pas dire que l'on aime?

MEDUS.

Qu'entends-je? ô Ciel!

THOMIRIS.

En vain je vous aurois celé
Que vôtre tendresse me touche;
Mes yeux, au deffaut de ma bouche,
Vous l'auroient assez revelé.

MEDUS.

Quel triomphe! quelle victoire!
Quel bonheur couronne mon sort;
Pour me combler de plaisir & de gloire,
L'Amour & l'Hymen sont d'accord.
Quel bonheur couronne mon sort,
Quel triomphe! quelle victoire!

ENSEMBLE.

La gloire & le devoir authorisent nos feux:
Formons toûjours de si beaux nœuds.

MEDUS.

Que chacun, à ses pieds, vienne rendre les armes.
Recevez ces Captifs, qui le font moins que moy:
Ils sont soûmis à vôtre loy,
Moins par mon bras, que par vos charmes.

Goûtez la douceur de vos fers,
Rendez hommage à vôtre Reine ;
Tout l'empire de l'Univers
Ne vaut pas le poids de sa chaîne.
Goûtez la douceur de vos fers,
Rendez hommage à vôtre Reine.

LE CHOEUR.

Goûtons la douceur de nos fers,
Rendons hommage à nôtre Reine ;
Tout l'empire de l'Univers
Ne vaut pas le poids de sa chaîne.
Goûtons la douceur de nos fers,
Rendons hommage à nôtre Reine.

SCENE QUATRIE'ME.

LE ROY, MEDUS, THOMIRIS.

LE ROY.

INvincible Guerrier, j'ay tout fait preparer
Pour vous donner ma fille, & ma grandeur suprême :
Mais le jaloux Thoas en ose murmurer :
Si vous êtes d'un sang digne du Diadême,
Comme vôtre valeur nous en doit assûrer,
Pour confondre l'envie il faut vous declarer.
Ne differons point davantage :
Il pourroit, contre nous, soûlever mes Sujets.

LE ROY & THOMIRIS.

Courons dissiper cet orage,
Allons arrêter ses projets.

SCENE

SCENE CINQUIE'ME.
MEDUS.

INfortuné Medus, qu'est-ce que tu veux faire ?
Ton nom est un crime en ces lieux.
Aprés les deffenses des Dieux,
Iras-tu découvrir que Medée est ta mere !

Que mon destin est rigoureux !
Si je declare ma naissance
Je perds l'objet de tous mes vœux :
Et si je garde le silence,
Mon sort n'en est pas plus heureux.

O vous ! Divinité d'Athenes,
Qui m'avez délivré de mille affreux dangers,
Vous, qui m'avez promis, sur ces bords étrangers,
Une heureuse fin à mes peines,
Sage Minerve, inspirez-moy......
Ces concerts, cet éclat m'annoncent sa presence.
Mes vœux sont exaucez. C'est elle que je voy.

C

SCENE SIXIEME.

MINERVE, MEDUS.

MINERVE.

*V*A retrouver le Roy ; cesse de t'arrêter.
Va, dis-luy que Créon t'a donné la naissance.
Il n'aura point à redouter
Un sang sur qui Medée exerça sa vangeance.
Par cette heureuse adresse assure ton repos,
Pour former un parfait Heros,
Il faut que la valeur s'unisse à la prudence.

MEDUS.

Que ne vous dois-je point. . . . .

MINERVE.

Cours, vole à son secours :
Au Temple de Diane on veut trancher ses jours.
Pour prevenir ce coup funeste,
Au milieu de ses Assassins,
Jette ce sceptre d'or que je mets en tes mains,
Et me laisse faire le reste.

Fin du second Acte.

ACTE TROISIE'ME.

Le Théatre represente une partie du Temple
de DIANE.

SCENE PREMIERE.
MEDE'E.

Uoy, ce jeune étranger est le fils de Créon?
Je fremis de colere à ce funeste nom.
　　A sa race immolée il faut que je l'unisse.
Faisons de la Tauride un Théatre d'horreur.
Mais quelle triste voix crie au fonds de mon cœur?
J'aime encor cet Ingrat qu'il faut que je punisse.
　　Ah! faisons un dernier effort,
　　Brisons une chaîne fatale:
　　Est-ce à moy de plaindre son sort?
Non, je dois le plonger dans la nuit infernale,
Et j'aime mieux le voir dans les bras de la mort,
Que de voir dans les siens mon heureuse Rivale.

C ij

SCENE SECONDE.
MEDE'E, THOAS.
THOAS.

MOn Rival, par vos mains, vient s'unir à
    l'autel
    Avec l'Ingrate que j'adore.
    Dans la fureur qui me dévore,
J'implore vôtre appuy contre un fort si cruel.
Si vous ne détournez le malheur qui m'opprime,
Si d'un fatal hymen je deviens la victime,
J'éteindray son flambeau dans des ruisseaux de sang.
Et la crainte des Dieux, l'éclat de vôtre rang,
Ne vous sauvera pas du couroux qui m'anime.

MEDE'E.

Je vois, avec plaisir, ce genereux couroux :
Plus que vous ne pensez mon ame s'interesse
    A servir vos transports jaloux.
Pour finir vôtre crainte, apprenez ma foiblesse ;
Nous sommes vous & moy frappez des mêmes coups.
J'ay, pour vôtre Rival, une indigne tendresse ;
Et le moment, qui doit l'unir à la Princesse,
    M'est aussi funeste qu'à vous.

THOAS.

Pour troubler leur bonheur, soyons d'intelligence.

ENSEMBLE.

Vangeons nos amours rebuttez,
Ne souffrons pas qu'on nous offense:
L'amour, pour les cœurs irritez,
A moins d'appas que la vangeance.

MEDE'E.

Le Roy, de nos tourments, est le premier auteur:
Commençons, par sa mort, à nous faire justice.
Les Ministres de ma fureur
Sont prêts pour ce grand sacrifice.

ENSEMBLE.

Vangeons nos amours rebuttez,
Ne souffrons pas qu'on nous offense:
L'amour, pour les cœurs irritez,
A moins d'appas que la vangeance.

MEDE'E.

Ministres furieux de nos ressentiments,
Venez vous joindre à nous par de nouveaux serments.

Une Troupe de Scithes paroît le javelot à la main, &
vient, avec des signes menaçants, environner un autel, sur lequel paroît une coupe remplie de sang
humain.

SCENE TROISIE'ME.

MEDE'E, THOAS, Troupe de Conjurez.

MEDE'E & THOAS.

NE souffrez pas qu'on nous outrage ;
Détruisez, ravagez ces bords.
Que des fleuves de sang, des montagnes de morts
Soient les effets de vôtre rage.
LE CHOEUR.
Ne souffrons pas qu'on nous outrage ;
Détruisons, ravageons ces bords.
Que des fleuves de sang, des montagnes de morts
Soient les effets de nôtre rage.

SCENE QUATRIE'ME.

LE ROY, MEDUS, THOAS, MEDE'E,
THOMIRIS, Troupe de Conjurez.

LE ROY.

J'*Ay choisi ce Heros pour gendre,*
Minerve vient de nous apprendre
Qu'il est fils d'un grăd Roy, dont j'ay plaint le malheur.
Son Pere de Medée éprouva la fureur ;
Contre sa race impie, il sçaura me deffendre.

Merope, approchez, hâtez-vous ;
Venez former des nœuds si doux.

MEDE'E & THOAS.

Arrêtez, arrêtez.

LE ROY & THOMIRIS.

Dieux ! quelle violence !

MEDE'E & THOAS.

Diane s'oppose à ces nœuds.

LE ROY.

Pallas l'ordonne, & je le veux.
Obeïssez sans resistance.

MEDE'E & THOAS aux Conjurez.

Puisqu'on méprise la puissance
De la Divinité qu'on adore en ces lieux,
Sur ces Mortels audacieux
Venez signaler sa vangeance.

LE ROY & THOMIRIS.

O crime ! ô trahison ! ô barbare couroux !

MEDUS.

Ne craignez rien : Pallas s'interesse pour nous.

Medus jette le Sceptre qu'il a reçû de Pallas au milieu des Conjurez, qui d'abord tournent leurs armes contre eux-mêmes.

MEDE'E & THOAS.

Quelle fureur vous anime ?
Infenfez, que faites-vous !
Voicy vôtre victime ;
Tournez icy vos coups.

MEDUS à Thoas.

Reçoi, Traître, reçoi la peine de ton crime.

Thoas bleffé mortellement, de la main de Medus, vient tomber aux pieds de la Statuë de Diane.

THOAS.

Ecoûtez-moy, Dieux immortels !
Diane, vangez vos autels.
En deffendant vos droits, je fuis vôtre victime :
Un Barbare m'envoye au tenebreux fejour ;
Mais ne permettez pas qu'en m'arrachant le jour,
La caufe de ma mort foit le prix de fon crime.
Ecoûtez-moy, Dieux immortels !
Diane, vangez vos autels.

MEDE'E.

Noires Filles du Stix, Diane vous appelle ;
Sur cette ville criminelle
Lancez fes traits, déployez fes fureurs ;
Volez, remplißez tout d'épouvante & d'horreurs.

Les Furies fortent des Enfers avec des flambeaux ardens, & aprés avoir difperfé l'affemblée, brifé l'autel, & brûlé une partie du Temple, vont porter la défolation par toute la ville d'Anticire.

Fin du troifiéme Acte.

ACTE

ACTE QUATRIE'ME.

Le Théatre represente une Place publique, bornée
par le Temple de DIANE.

SCENE PREMIERE.

LE ROY, MEDUS, THOMIRIS,
Suite du Roy & de THOMIRIS.

LE ROY.

Dieux ! quel spectacle funeste !
De voir, sous d'invisibles traits,
Tomber ainsi tous mes Sujets,
Victimes du couroux celeste.

LE ROY, MEDUS & THOMIRIS.

On n'entend que des cris, on ne voit que des morts,
Sur ces funestes bords.

THOMIRIS.

O vous, mes compagnes fidelles,
Venez, par vos respects, par vos chants les plus doux,
Détourner, s'il se peut, les atteintes mortelles
Que Diane lance sur nous. D

MEDUS,

LE CHOEUR.

Diane, puissante Déesse,
   Calmez vôtre couroux :
Arrêtez les terribles coups
De vôtre fureur vangeresse.
Diane, puissante Déesse,
   Calmez vôtre couroux.

THOMIRIS.

Toy, qui des Dieux, des Mortels & des Ombres,
Charme les cœurs, & comble les desirs,
Descendrons-nous sur les rivages sombres,
Dans la saison des jeux & des plaisirs ?
Fini nos maux ; la pitié t'y convie :
L'Hymen, pour nous, doit allumer ses feux :
Ah ! quel tourment de sortir de la vie,
Dans le moment que l'on doit être heureux !

LE CHOEUR.

Diane, puissante Déesse,
   Calmez vôtre couroux :
Arrêtez les terribles coups
De vôtre fureur vangeresse.
Diane, puissante Déesse,
   Calmez vôtre couroux.

SCENE SECONDE.

MEDE'E, LE ROY, MEDUS, THOMIRIS,
Suite du Roy & de Thomiris.

MEDE'E.

CEssez de vous flater ; vos cris sont superflus :
La Déesse, en fureur, ne les écoûte plus.
La mort de son grand Prêtre, allume sa colere.
Pour la faire cesser, il faut le satisfaire.
 Je vais, par un secret pouvoir,
 L'évoquer du Royaume sombre ;
 Luy-même il vous fera sçavoir
Les victimes qu'il veut pour appaiser son ombre.

LE CHOEUR.

Hâtez-vous, hâtez-vous de nous le faire voir.

MEDE'E.

 Pour meriter que l'Enfer nous réponde,
  Il faut que chacun me seconde.

  Stix, nous implorons ton apuy,
  Arrête tes ondes brûlantes :
 Le Ciel est sourd à nos voix gemissantes,
  Sois plus pitoyable que luy.

LE CHOEUR.

  Stix, nous implorons ton apuy,
  Arrête tes ondes brûlantes :
 Le Ciel est sourd à nos voix gemissantes,
  Sois plus pitoyable que luy.   D ij

MEDUS,

MEDE'E.

Que la nature entiere obeïße à mes loix.
Que l'Aſtre qui nous luit, faße place aux Etoilles :
Que la nuit étende ſes voiles :
Que l'Ombre de Thoas ſe ranime à ma voix.

LE CHOEUR.

Quel bruit ! quel tremblement ! quel éclat de tonnerre!
L'Ombre ſort du ſein de la terre :
Ecoûtons, par ſa voix la volonté des Cieux.

SCENE TROISIE'ME.

L'OMBRE DE THOAS, MEDE'E, LE ROY, MEDUS, THOMIRIS, & leur Suite.

THOAS.

POur appaiſer mon ſang, pour expier vos crimes,
Et fléchir le couroux des Dieux,
Que tous les étrangers qui ſeront en ces lieux,
Me ſervent de victimes.

LE ROY & THOMIRIS.

Quel Oracle !

MEDE'E.

Le Ciel vient de ſe declarer.
Roy, vous ſçaveʒ quel ſang peut épargner le nôtre.
Pour faire mon devoir je vay tout preparer;
C'eſt à vous de faire le vôtre.

Fin du quatriéme Acte.

ACTE CINQUIE'ME.

Le Théatre represente le lieu le plus secret
du Temple de DIANE.

SCENE PREMIERE.

MEDE'E, CIANE.

MEDE'E.

ME voicy de son sort arbitre souveraine ;
J'ay soulevé l'Enfer, j'ay fait parler les Dieux ;
Ecoûteray-je encor un transport furieux ?
Dois-je suivre l'amour, dois-je suivre la haine ?

Quand je songe à sa mort, ce n'est qu'avec horreur :
Il triomphe, l'Ingrat, de ma fureur extrême.
Rien n'est si timide qu'un cœur,
Quand il veut punir ce qu'il aime.

Mais que dis-je, infenfée ? & quelle eft mon erreur ?
Il aime ma Rivale, il eft aimé de même ;
Ce fatal fouvenir réveille ma fureur :
     Rien n'eft fi barbare qu'un cœur,
     Quand il veut punir ce qu'il aime.

C I A N E.

     Craignez le retour dangereux
     D'une malheureufe tendreffe ;
Quand vous l'aurez puny, vous l'aimerez fans ceffe :
L'amour le mieux vangé n'eft pas le plus heureux.

M E D E'E.

Il ne fçait pas encor le fecret de mon ame ;
     Je n'ay point declaré ma flâme ;
     Je veux qu'il en foit éclairci.
     Quand il aura fçû que je l'aime,
Sa vie, ou fon trépas dépendra de luy-même.
On vient ; cours, hâte-toy de l'amener icy.

SCENE SECONDE.
LE ROY, MEDE'E, THOMIRIS.

LE ROY.

POur sauver ce Heros, je viens m'offrir moy-même
Au supplice qu'il doit souffrir.

THOMIRIS.

Ah! faites-moy perir,
Et sauvez ce que j'aime.

MEDE'E.

Non, non, vous le verrez mourir.

LE ROY & THOMIRIS.

Les Dieux ont-ils tant d'injustice?
Ne leur peut-on offrir
Un autre sacrifice?

MEDE'E.

Non, non, vous le verrez mourir.

LE ROY & THOMIRIS.

Differez du moins son supplice;
Que la pitié vous attendrisse.

MEDE'E.

Non, rien ne sçauroit m'attendrir:
Non, non, vous le verrez mourir.

LE ROY & THOMIRIS.

Ah! quelle rigueur inhumaine!

MEDE'E.

Tremblez, le voicy qu'on amene.

SCENE TROISIE'ME.

LE ROY, MEDUS, MEDE'E, THOMIRIS,
Troupe de Preſtreſſes, qui amenent MEDUS couronné
comme une victime que l'on va ſacrifier.

MEDE'E.

Approche, malheureux.

MEDUS.

　　　　　Ciel ! qu'eſt-ce que je voy ?
C'eſt la Princeſſe, c'eſt le Roy.

LE ROY.

J'ay fait tous mes efforts, pour vous ſauver la vie ;
　　Mais je les ay faits vainement :
　　　Tout eſt contraire à mon envie,
Et je ne ſuis plus Roy que de nom ſeulement.

MEDE'E.

J'ay pitié de ſon ſort ; je ne puis m'en deffendre :
Je ne vois qu'un moyen pour luy ſauver le jour.

THOMIRIS.

Ah ! de quel doux eſpoir vous flâtez mon amour !
　　Hâtez-vous de me l'apprendre.

MEDE'E.

Vous voyez, en ces lieux les aprêts de ſa mort.

THOMIRIS.

Comment le garantir d'un ſi funeſte ſort ?

MEDE'E.

S'il veut répondre à mon envie,
S'il veut, au lieu du coup mortel,
Recevoir ma main à l'autel,
Je pourray luy sauver la vie.

LE ROY, MEDUS & THOMIRIS.

Dieux ! qu'est-ce que j'entends ?

MEDE'E.

              Il est temps d'éclater ;
Je n'ay plus rien à redouter.
Ce n'est point le couroux celeste
Qui demande ton sang : C'est moy,
Ingrat, qui t'ay reduit en cet état funeste ;
Et tu n'en peux sortir qu'en me donnant ta foy.

MEDUS.

Quel discours ! je frémis d'effroy.

MEDE'E.

Si tu m'immoles ma Rivale,
Je partage, avec toy,
La puissance royale.

MEDUS.

Avant que de trahir un si parfait amour,
J'iray dans la nuit infernale.

MEDE'E.

Quoy ! refuser, pour elle, & le sceptre & le jour ?

LE ROY à MEDE'E.

Hé ! qui vous a donné ces droits sur ma puissance.

E

MEDUS,

MEDE'E au Roy.

Le coup dont je vais te frapper.

J'ay les droits de la force, & ceux de la naissance;
Et la seule Medée a droit de l'occuper.

LE ROY & MEDUS.

Vous, Medée, ô Ciel!

MEDE'E.

C'est moy, Medée.
Redoutez la fureur extrême,
Dont mes sens sont saisis.

MEDUS.

Ah Medée! à vos pieds, regardez vôtre fils.

MEDE'E.

Qu'entends-je!

MEDUS.

Cet anneau que je tiens de mon Pere ....

MEDE'E.

Que vois-je! c'est Medus, o Ciel! qu'allois-je faire?
Quoy, j'allois vous ravir le jour!
Quel Dieu vous rend à ma tendresse?
Mon fils, oubliez ma foiblesse:
J'ay pris la voix du sang pour celle de l'amour.

Que vôtre cœur, en paix, possede ce qu'il aime;
Joüissez d'un bonheur extrême;
Que rien ne trouble plus vôtre felicité.

MEDUS & THOMIRIS.
Joüiſſons d'un bonheur extrême ;
Que rien ne trouble plus nôtre felicité.
LE ROY à MEDUS.
Je vous céde mon diadême ,
Que vous avez trop merité.
LE ROY & MEDE'E.
Le Soleil vient icy luy-même ,
Prendre part au bonheur de ſa poſterité.

SCENE DERNIERE.

**LE SOLEIL , LE ROY , MEDUS , MEDE'E,
THOMIRIS , CHOEUR de Peuples de l'Aſie
& de l'Europe.**

LE SOLEIL, au ROY.

MOn Fils, le rang que tu luy cédes ,
N'a pas aſſez d'éclat pour un ſi digne Roy ;
Que cent Peuples divers fléchiſſent ſous ſa Loy,
Et fondent l'EMPIRE DES MEDES.

Une partie des Peuples de l'Europe & de l'Aſie vient ſe
ſoûmettre à MEDUS.
CHOEUR.
Courons tous rendre hommage à noſtre auguſte Maître.
Le Soleil l'a choiſi pour nous donner la Loy.
C'eſt le plus grand Heros que la Terre ait vû naître ,
Qu'il ſoit encor le plus grand Roy.

UNE EUROPE'ENNE.

Dans noſtre premiere ſaiſon
L'Amour prend ſoin de nous inſtruire;
L'on connoît plûtôt ſon Empire,
Que l'on ne connoît la raiſon.

Jeunes Cœurs laiſſez-vous charmer,
Tout vous apprend qu'il faut aimer.
Il n'eſt rien dans les Airs, ſur la Terre & dans l'Onde.
Qui ne s'enflâme tour à tour,
Et quand on fit des Loix pour le bonheur du Monde,
On n'en fit point contre l'Amour.

CHOEUR.

Courons tous rendre hommage à noſtre auguſte Maître,
Le Soleil l'a choiſi pour nous donner la Loy.
C'eſt le plus grand Heros que la Terre ait vû naître,
Qu'il ſoit encor le plus grand Roy.

FIN DU CINQUIE'M'E & DERNIER ACTE.

www.ingramcontent.com/pod-product-compliance
Lightning Source LLC
LaVergne TN
LVHW021156200726
843510LV00001B/384